W0397567

DE KRUISWEG

DE KRUISWEG

14 staties op weg naar Pasen

TEKST EN ILLUSTRATIES:
AGNES HOFFSCHULTE

UITGEVERIJ KOK UTRECHT

© 2018 Uitgeverij Kok
Postbus 13288, 3507 LG Utrecht
www.kok.nl
Omslagontwerp en boekverzorging: Studio Mol
ISBN 978 90 435 2961 7
NUR 707

Alle rechten voorbehouden. Niets uit deze uitgave mag worden verveelvoudigd, opgeslagen in een geautomatiseerd gegevensbestand, of openbaar gemaakt, in enige vorm of op enige wijze, hetzij elektronisch, mechanisch, door fotokopieën, opnamen, of op enige andere manier, zonder voorafgaande schriftelijke toestemming van de uitgever.

Voorwoord

Voor de titels van de staties van deze kruisweg maakte ik gebruik van het mooie boekje van Dom André Louf, *De Kruisweg* (Lannoo 2004). Hij maakte daarvoor gebruik van teksten uit het evangelie volgens Lucas, de hoofdstukken 22 en 23. Alleen voor de twaalfde statie uit het evangelie volgens Johannes hoofdstuk 19, de verzen 25, 26 en 27. Waar Jezus vanaf het kruis zijn moeder Maria aan Johannes toevertrouwt.

De kruisweg van Jezus is met onze levensweg verbonden,
in het licht van Christus leven allen, zieken en gezonden.

Laten we Hem volgen
met in ons hart
ook ruimte
voor een goede stilte
bij de overwegingen
en het gebed.

Geen lege stilte,
ruimte voor verwondering.

Deze kruisweg heb ik geschreven voor een ernstig zieke bij Goede Vrijdag 2017.

Openingsgebed

Jezus,
in uw kruisweg
kunnen wij alle gebrokenheid
van de wereld zien.
In het licht van uw Godsliefde
hebt u alles ten goede gekeerd.
In toevertrouwen willen wij u volgen.
Met in ons innerlijk leven die geestkracht
die u bezielde.
Wij bidden om die liefdevolle geestkracht
en om dat heldere licht
voor heel onze levensweg.

Amen.

I. Jezus bidt tot zijn Vader in de Hof van Olijven

OVERWEGING

Jezus is bang, hij voorziet het lijden en vraagt aan de Vader dat het niet gebeurt, niet hoeft te gebeuren. Zou de Liefde niet hersteld kunnen worden zonder al het geweld, dit offer van God zelf 'in de handen van de mensen'? Wij begrijpen het niet, maar het gebeurt, de overgave van Jezus in het vertrouwen op Godsliefde door al het lijden, door al het verdriet en de dood heen.

We denken aan de moeilijke omstandigheden zoals die gelden voor velen, voor ons nu. Door ziekte uiterlijk verzwakt, nu komt het aan op innerlijke geestkracht. Om te genezen of te aanvaarden. Kan deze kruisweg ons daarbij helpen?

GEBED

Jezus Christus, u bent de weg gegaan met
vertrouwen door alle angst heen.
Wij vragen dat ook wij vertrouwen bewaren
in moeilijke omstandigheden.
En wij bidden dat wij steeds beter het hart
van Godsliefde leren kennen.

2. Jezus wordt door Judas verraden

OVERWEGING

Judas was een van de vrienden, hij hoorde bij de 12 leerlingen en was in de nabijheid van Jezus wellicht teleurgesteld geraakt. Hij vond misschien dat Jezus meer macht en kracht moest gebruiken en dat deed Jezus niet. Godsliefde ziet er anders uit, wij begrijpen ook niet altijd hoe, die milde geestkracht van de liefdevolle overgave.

Wij voelen ons wel eens verraden. Bij ziekte door ons eigen lichaam. Bij anderen soms door ontrouw, onbegrip en misverstand. Het is soms om moedeloos van te worden. Dat wij dan toch moed en vertrouwen bewaren, door alle moeilijkheden heen. In het besef van Godsliefde die ons behoedt.

GEBED

Jezus Christus, wij willen trouw blijven in het vertrouwen, ook als wij wel eens teleurgesteld zijn en het hart van ons geloof niet goed begrijpen, omdat het ons verstand te boven gaat. Wij vragen in dat vertrouwen om bemoediging.
En wij bidden dat uw Godsliefde ons nabij blijft, ook als wij soms opstandig worden.

3. Jezus wordt veroordeeld

OVERWEGING

Zijn vrienden die hem niet hebben verraden, zijn nu toch allemaal gevlucht. Jezus staat er alleen voor, voor de mensen die hem veroordelen. Hij verdedigt zichzelf niet, hij weet wat er in die mensen omgaat. Ze vinden hem een gevaar voor hun godsdienstige zelfgenoegzaamheid. En voor het volk.

Zelfgenoegzaam zijn we niet zo gauw, we hebben de anderen immers nodig. Maar uiteindelijk staan we er alleen voor, als we alleen zijn of ons alleen voelen. Soms horen we als een oordeel een verdrietig bericht, bijvoorbeeld bij ziekte. Misschien ontdekken we in ons innerlijk die geestkracht van het vertrouwen, dat Godsliefde ons niet in de steek zal laten.

GEBED

Jezus Christus, u kende de hardheid van de harten en de zwakheid van het vertrouwen van de mensen om u heen.
Wij vragen om geestkracht in ons leven bij alles wat wij meemaken en bij al het verdriet van de wereld dat zo vaak in onze huiskamers en in ons hart binnenkomt.
En wij bidden dat wij niet vluchten en vooral dat wij nooit zelfgenoegzaam met het geloof omgaan, alsof we alles wel weten.

4. Jezus wordt door Petrus verloochend

OVERWEGING

Hier was helemaal geen kwade opzet maar angst. Door angst bevangen, geschrokken door het onvoorstelbare geweld tegen de weerloosheid van de liefde die Jezus bezielde. Van daar uit kijkt Jezus Petrus aan, vol mildheid.

Er is een angst die ons kan overkomen, die ons ook kan verlammen. Zodat we niet meer goed kunnen zien wat goed is. Nieuwe bezieling is dan nodig en die komt niet uit de lucht vallen. Van andere mensen komt die soms, maar ten diepste in ons eigen hart, waar Godsliefde zelf ons aankijkt. En ons behoedt tegen alle echte gevaren.

GEBED

Jezus, zie ons aan in onze onmacht en zwakheid, zie ons en behoed ons.
Wij vragen om die bezieling die alles waarvoor wij bang zijn, kan aanzien en dragen.
En wij bidden: Jezus, om uw geestkracht in ons leven, juist ook als wij bang zijn.

5. Jezus staat voor Pilatus

OVERWEGING

Pilatus wil Jezus vrijlaten, maar de mensenmassa schreeuwt, onder invloed van de zelfgenoegzame godsdienstige leiders, dat ze liever een moordenaar vrij willen dan Jezus. En Jezus blijft stil.

Soms weten we het niet meer. Zo veel komt over ons heen, was er maar een simpele oplossing. Iemand wijst en je denkt, dat is de weg, het lijkt zomaar begaanbaar. Toch blijven zoeken naar wat goed is, 'goed-beter-best'. Juist als het moeilijk is, zorgvuldig blijven zoeken naar wat het beste is. En vertrouwen dat Waarheid en Liefde bestaan. Eigen verantwoordelijkheid dragen in innerlijke waardigheid.

GEBED

Goede Jezus, geef dat wij ons nooit zo blind laten beïnvloeden door zogenaamd sterke leiders, dat wij persoonlijk verantwoordelijk blijven voor de keuzes die wij maken in ons leven.
Wij vragen om helder inzicht bij grote levensvragen.
En wij bidden dat wij inzien en volgen wat waarachtig is en liefdevol.

6. Jezus wordt gegeseld en met doornen gekroond

OVERWEGING

Wat zijn die mensen wreed! Alsof ze geen hart hebben, hun hart is verhard! Zoveel wreedheid is er nog in onze wereld, mensen die anderen kwaad doen, geweld aandoen, vernederen en bespotten. Het is nog niet afgelopen, maar Jezus heeft dat alles gedragen en draagt het.

Het is als een geweld dat zich tegen ons keert, een kwaad, onze ziekte, zoveel oorlog en haat. We kunnen maar moeilijk geloven dat het goede in Jezus ook toen sterker was dan alle andere overmacht. Godsliefde in zijn geestkracht. Dat vertrouwen kan ons van harte moedig maken, in alle omstandigheden.

GEBED

Jezus Christus, al het vele lijden in de wereld, het kwaad dat mensen elkaar aandoen, u kent het van binnenuit en u draagt het met uw kruis de wereld uit. Wij vragen dat u alle slachtoffers van geweld nabij blijft met uw geestkracht die het kwaad heeft overwonnen. En wij bidden dat wij nooit toegeven aan de kwade neiging om anderen te vertrappen, te vernederen of te bespotten.

7. Jezus neemt het kruis op

OVERWEGING

Jezus krijgt het kruis opgelegd en hij neemt het aan. Hij draagt het zelf naar de plaats van kruisiging en onderweg bezwijkt hij en valt drie keer. Deze kruisweg gaat zijn krachten te boven.

Waar blijft onze vrijheid als wij in omstandigheden zijn die wij niet zelf hebben gekozen? Hoe wij daarmee omgaan, daar gaat het om. Niet onverschillig worden of cynisch of moedeloos. Daarmee doen we vooral onszelf tekort. Misschien kunnen we leren steeds beter in te zien waar het om gaat op onze levensweg. Dat het niet voor niets is.

GEBED

Jezus, wij zien en beseffen de pijn van deze kruisweg en wij begrijpen niet dat u dit moest ondergaan. Is dit nu nodig voor Godsliefde?
Wij vragen om die Godsliefde beter te leren kennen. Zegen ons en behoed ons tegen alle cynisme. Verlicht ons inzicht dat het hier werkelijk om Godsliefde gaat.
En wij bidden dat wij steeds beter leren inzien wat dit alles betekent, dat wij u kunnen volgen, innerlijk en uiterlijk, op deze kruisweg van het leven. Op weg naar Pasen.

8. Simon van Cyrene helpt Jezus het kruis te dragen

OVERWEGING

Jezus was uitgeput. Dat zagen zelfs de soldaten die toen de opdracht gaven aan een sterke man die van het land kwam, om hem te helpen. Die Simon zal pas later begrepen hebben wat dit betekende. Nu was het een zware opdracht, een plicht, hij moest dit wel meedragen.

Soms is het veel te zwaar. En waarom gebeurt dit toch? Als anderen ons helpen, laat het liefdevolle hulp zijn, meer dan een plicht of als een corvee. Dat anderen het lijden onder ogen zien en er niet aan voorbij lopen. Dat er een oprecht mede lijden is en een mee dragen van het verdriet. Dan heeft dat verdriet al niet meer het laatste woord.

GEBED

Jezus Christus, vele mensen hebben een kruis te dragen, zonder nog te beseffen wat het betekent en waarom er zo veel lijden is en zo veel verdriet.
Wij vragen om kracht om te dragen wat ons overkomt.
En wij bidden dat wij beseffen dat het niet voor niets is, niet tevergeefs. En dat u ons nu helpt om ons kruis te dragen.

9. De vrouwen en Veronica

OVERWEGING

Onderweg zijn er de vrouwen die betrokken zijn en met medelijden tot tranen toe ontroerd. Jezus zegt tegen hen: huil maar om jullie zelf. Om het lijden van de wereld waar jullie ook een deel van zijn. Het is een hard woord. Tegelijk geeft hij aan Veronica (ware icoon) een afdruk van zijn gelaat tot troost, ware troost voor velen.

Wat kan ons toch troosten, wat anders dan een ander mens. De 'icoon' van Jezus laat ons zien dat daar een kracht van uitgaat, die ons diep kan raken. Innerlijke troost die sterkte geeft. Meer dan zachte zoetheid, geestkracht en moed. Alsof hij ons aankijkt als Godsliefde zelf. Godsliefde die geestkracht geeft.

GEBED

Jezus, in uw gelaat zien wij al het lijden van de wereld.
Wij vragen om ontmoetingen die goed doen, waarachtige zorg waar we allemaal beter van worden.
En wij bidden: Jezus, dat wij de echte troost vinden in uw werkelijke medelijden met ons allen, in uw Godsliefde die geestkracht geeft.

10. Jezus wordt gekruisigd

OVERWEGING

Met Jezus twee gewone misdadigers, het was een gebruik bij die rechtspraak, een kruisiging. De mensen bespotten hem. Een officier herkent in Jezus toch de Onschuldige en hoe hij dit alles ondergaat.

Vastgespijkerd aan onze situatie kunnen we ons machteloos voelen. Het is belangrijk hoe wij dat ondergaan, ook de mensen om ons heen. Kunnen we tot overgave komen? Opstandig zijn kan ook een teken van kracht zijn, levenskracht. Maar we kunnen de situatie niet veranderen. Kijken we naar dit kruis, dan kunnen we misschien toch ook de liefde herkennen. Godsliefde.

GEBED

Jezus Christus, doe ons beseffen wat hier gebeurt.
Wij vragen om eerbied bij dit geweld en om de overtuiging dat hier het wonder gebeurt van Gods overgave in de liefde.
En wij bidden: Jezus, voorgoed aan de liefde gegeven, met alle angst en beven – wij loven u.

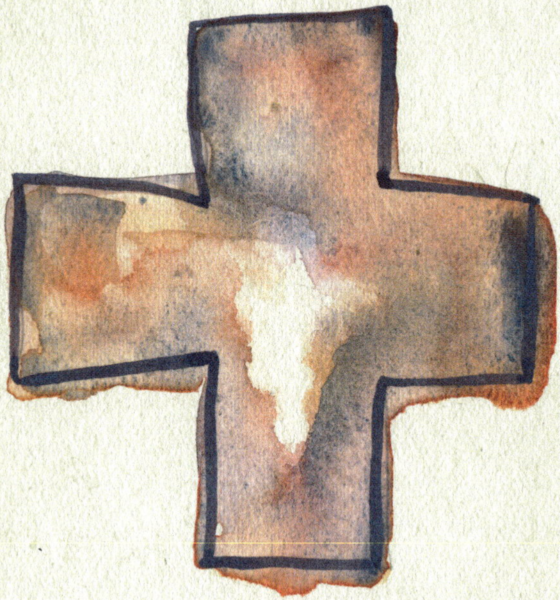

11. Jezus belooft het Koninkrijk aan de Goede Moordenaar

OVERWEGING

Nog vlak voor zijn sterven is er deze wonderlijke woordenwisseling van afwijzing, toevertrouwen en bevestiging. Niet de moord van die man was goed, maar zijn vertrouwen op dit ogenblik van executie, het uiteindelijke oordeel. Het is niet later, niet straks, het is nu, vandaag nog! Zul jij met mij zijn in het paradijs.

Een bijzonder toevertrouwen hier op dit bijzondere ogenblik. Een goede ontmoeting in het licht van het sterven. Het 'hiernamaals' is niet meer ver, het is hier en nu. Ook in ons leven is dat mogelijk. Vandaag nog. Als wij die geestkracht herkennen en Godsliefde willen zien.

GEBED

Hoe kunnen wij u herkennen Jezus, in het besef van uw onschuld.
Wij vragen om u te kunnen herkennen in ons eigen leven, in de soms droevige en uitzichtloze omstandigheden. Dat u ook ons geruststelt en ook ons aanspreekt.
En wij bidden: Jezus Christus, u die elk mens, ieder van ons ten diepste kent en bemint, geef dat wij uw liefde herkennen bij alles wat gebeurt.

12. Maria en Johannes onder het kruis van Jezus

OVERWEGING

Zij die het meest nabij waren, waren daar gekomen, door alle angsten heen, om bij hem te staan, om hem bij te staan. Maria zijn moeder en Johannes de intieme vriend, de twee die hem het beste begrepen. Jezus heeft hen die hem zo geliefd en nabij waren, aan de zorg voor elkaar toevertrouwd, toen hij ging sterven. Toevertrouwd in de liefde voor hem, in het licht van Godsliefde.

Een verbondenheid, de persoonlijke relatie in het toevertrouwen. Trouw op dat ogenblik van afscheid. Allermeest mogelijke vriendschap en liefde. Soms kunnen wij dat ervaren als er anderen zijn waar wij zo veel om geven. Ook al zijn ze ver. Er kan een innerlijke nabijheid zijn. Bij alle afscheid nemen toch alles en allen persoonlijk en liefdevol toevertrouwen.

GEBED

Goede Jezus, zo hebt u bij uw sterven alle mensen aan elkaar en aan Godsliefde toevertrouwd.
Wij vragen om deze zorg voor elkaar, dat we weten dat het gegeven is, een opdracht ten goede. Omwille van Godsliefde.
En wij bidden: Godsliefde van Vader, Zoon en Heilige Geest, laat deze geheiligde verbondenheid ons binden, in de vrijheid van uw geestkracht. Ook verbonden met Maria, ons aller Moeder in het geloof.

13. Jezus geeft de Geest in de armen van zijn Vader

OVERWEGING

Het is een intens ogenblik, dit sterven.
'Vader, waarom hebt U mij verlaten' en
'Vader, in uw handen beveel ik mijn Geest'.
Tegelijkertijd deze uitersten in het licht van
de eeuwigheid die Godsliefde heet, Vader,
Zoon en Geest.
Altijd verbonden, maar Jezus beleeft het
sterven alsof het een scheiding is.

Overlijden en sterven, de geest geven. Gemakkelijk is het niet. Geloven en vertrouwen zijn geen zekere zekerheden. Zelfs in zijn verlatenheid spreekt Jezus de Vader aan. Altijd in die persoonlijke relatie. Nooit een lege 'eenheid' waar men in opgaat. Een persoonlijke ontmoeting, in dit licht is Jezus Christus gestorven. En verrezen, geloven wij van harte, in het volle licht van Godsliefde. En wij mogen hem daarin volgen.

GEBED

Jezus, in de uiterste vertwijfeling hebt u toch het toevertrouwen bewaard.
Wij vragen om een ogenblik stilte. Om ruimte voor deze stilte, in deze overgave en het toevertrouwen.
En wij bidden: Jezus, u hebt uw Geest gegeven aan God de Vader en zo aan ons allen in de wereld. De volle gave en overgave. Geef uw heilige geestkracht als ook wij moeten sterven. Om dan ook hoopvol te zijn en vol geloofsvertrouwen.

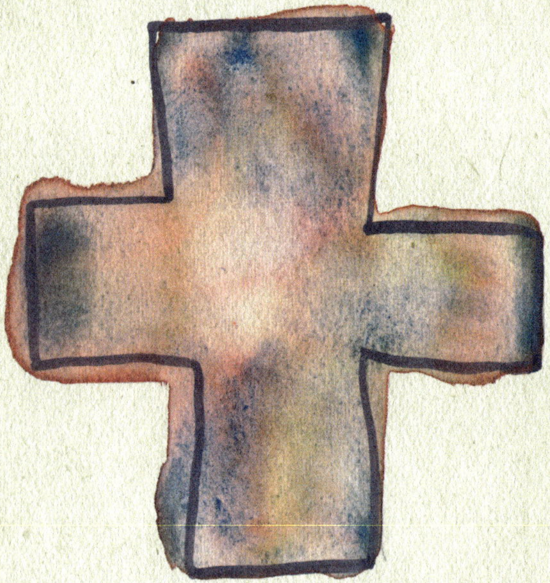

14. Jezus wordt in het graf gelegd

OVERWEGING

Jozef van Arimatea draagt zorg voor het dode lichaam van Jezus. Een zeer liefdevolle daad. En Jezus, gestorven, gaat alle doden tegemoet en ontmoet bij allen ook Adam die hij verlost uit de boeien van zonde en dood. Je ziet het zo voor je, in elk gezicht dat in vreugde oplicht. Vrede en vreugde voor allen, voorgoed.

Het dode lichaam vraagt om zorg, want het was bezield. Wij zijn ook meer dan ons lichaam, meer dan 'wat stofjes in de ruimte'. Ook onze lichamelijkheid is meer dan die stof. Zo mogen wij geloven. Bij alle gebrokenheid. Het is liefde, dus nooit verplicht, wie niet wil die hoeft niet. In ons innerlijk leven gekend en bemind, zullen ook wij Godsliefde leren kennen en beminnen. Dat is het geluk in Leven, Licht en Liefde, in Vader, Zoon en Heilige Geest. Voor ieder persoonlijk en voorgoed.

GEBED

Jezus, uw liefde is sterker dan de dood en heeft de dood en het kwaad van binnenuit overwonnen.
Wij vragen dat ook wij in deze vrede en vreugde mogen delen. Dat ons hart opgelucht adem haalt en levenskracht vindt. Door alle droefenis heen en ook door alle dood heen.
Om toekomst in het Licht van Leven en Liefde, sterker dan het sterven.
En wij bidden: Jezus Christus, blijf bij ons ook in het ogenblik van onze dood. Zodat wij in de persoonlijke ontmoeting met u en uw totale overgave in Godsliefde, ook zullen verrijzen tot nieuw en eeuwig leven, waar wij uw Godsliefde ten volle zullen kennen en beminnen.

Gebed tot slot

God van Liefde,
in deze kruisweg is alle lijden van alle mensen
persoonlijk opgenomen en ten goede gekeerd
in de liefdevolle toekeer van het vertrouwen
dat niet dood en droefenis het laatste woord
hebben over ons leven
maar Leven, Licht en Liefde,
in het licht van de verrijzenis,
in het licht van Christus,
in het licht van Godsliefde,

in de naam van de Vader
en de Zoon
en de Heilige Geest.
Amen.